시김새 2

신생시선·31
시김새 2

지은이·김지하
펴낸이·원양희
펴낸곳·도서출판 신생

등록·제325-2003-00011호
주소·600-013 부산광역시 중구 중앙동 3가 12-1
　　　w441@chollian.net www.sinsaeng.co.kr
전화·051) 466-2006
팩스·051) 441-4445

제1판 제1쇄·2012년 02월 15일

공급처·도서출판 전망

값8,000원
ISBN 978-89-90944-32-0
ISBN 978-89-90944-33-7(세트)

* 저자와의 협의에 의해 인지를 생략합니다.

이 도서의 국립중앙도서관 출판시도서목록(CIP)은 e-CIP
홈페이지(http://www.nl.go.kr/ecip)와 국가자료공동목
록시스템(http://www.nl.go.kr/kolisnet)에서 이용하실
수 있습니다.(CIP제어번호: CIP2012000634)

시김새 2

김지하 시집

시김새는 흰그늘이다

−시집 『시김새』에 부쳐

　후천개벽 시작한다는 기축(己丑)년에 서울살림 다 접고 강원도로 복귀했다.
　시집 같은 건 생각도 안했다. 그저 일기 쓰듯이 끄적인 것뿐, 그런데 그것이 어느새 수백 편. 서울과 부산에서 동시에 출판행사를 치른다.
　시가 시원치 않다는 평이 있다.
　시원할 까닭이 없다. 그 사이 내 삶을 알기나 하는가?
　본디 '시김새'는 '시원끼'하고는 멀다.
　그러면 이런 것하고는 어떤가?
　요즈음 'K-POP'이 요란하다. 그 동네 대장이 '임재범'인데 그의 'UC·버클리'공연을 들어보면 바로 들어오는 게 왈 '시김새'다. 그러면 됐는가? 허허허.

'시김새'는 판소리와 우리 민족예술의 핵심미학이다. '시김새'는 '흰그늘'이다.

15세기 피렌체와 베네치아 르네쌍스의 핵심미학, 그 브렌드·토오치는 '어둑어둑한 저녁 강물 속에서 문득 빛나는 희끄무레한 한 물빛'(야코브·브룩하르트)이었다.

한국의 네오·르네쌍스가 오고 있는 것이다.

아닌가?

허허허허허.

2011년 11월 2일
김지하 모심

차례

시김새는 흰그늘이다　　　　　　　　　　　6
-시집 『시김새』에 부쳐

오일장五日場　　　　　　　　　　　　　　13
소초쯤에서　　　　　　　　　　　　　　　16
스웨덴 대사관　　　　　　　　　　　　　　21
한 불빛이　　　　　　　　　　　　　　　　26
나에게 한 거스름이　　　　　　　　　　　　28
물·1　　　　　　　　　　　　　　　　　　32
오일장 소식　　　　　　　　　　　　　　　36
책　　　　　　　　　　　　　　　　　　　　40
바다에서　　　　　　　　　　　　　　　　42
가오리　　　　　　　　　　　　　　　　　46
토끼해 8월 30일　　　　　　　　　　　　　49
누가 날 이리 움직이나　　　　　　　　　　52
나에게　　　　　　　　　　　　　　　　　56
물·2　　　　　　　　　　　　　　　　　　59
돌아와 깨닫다　　　　　　　　　　　　　　64
모심의 아침　　　　　　　　　　　　　　　71
삿갓봉을 지나며　　　　　　　　　　　　　81
수굿이　　　　　　　　　　　　　　　　　87
안덕사安德寺 신당神堂　　　　　　　　　　91

궁궁弓弓	97
나의 운명	101
아내의 기침소리	104
오봉五峰 근처의 칠봉七峰	106
희비리喜悲離에서 양안치兩岸峙로 다시 희비리喜悲離로, 거기서 다시 무실리無實里로 오는 일기초	116
이 이상한 날의 일기초	128
단강	132
안개세상 일기초	138
산과 물 사이에	142
새 세상의 예감	145
5월 6일	149
아무도 오지 않는	152
앙금보步	157
초파일	160
어제 초파일	164
왜 내가	167
내궁內弓	170
빈 길	173

시김새 2

오일장五日場

열세 살에
목포에서 쫓겨와

봉천냇가 시커먼 시궁창 곁
판잣집에 엎드려 살던
그 가난한
평원동平原洞에
오일장五日場이 선다

내가
세계 경제의 새로운 유일 대안으로 굳세게 믿는
바로
그 호혜시장이
신시의 기억이자 따뜻한 장터의 조짐인
희비리장이

선다

선다
닷새마다 거기 가는 것이
나의 최대의
낙

귀먹은 할머니 할아범에
낯선 시골 양반들 히히거리며 헤헤거리며
산나물이며
약초며
더덕 파는 곳 비단 깔린 장바닥

나의
참말 원만의 땅

기쁨과 슬픔을 함께 넘어서는 울타리
손해보던 이익보던
가난뱅이던 돈 많은 친구던 그 누구가 됐건

헤헤 웃지 않고는
벗어날 수 없는 탈상품화를 통해
기운찬 재상품화가
약속되는 획기적 재분배의 신령한 새 시장

허허허

허공에
서기瑞氣 감돈다

만창 진둥이 가난뱅이 뜨내기들
여기 토박이들과 함께 팔 꺾고 어울리는

한울의
울타리장

풍물이란 이름의
문화란 이름의
벼룩이란 이름의
새벽이란 이름의

어허

이
오일장五日場.

소초쯤에서

구룡사 가다가
소초쯤에서

왼갖 가게들 앞에서

화를 내다가
문득

외눈 사륜四輪스님
귓가에 쏟아지던 그 한울의 꽃비들이
새울음 내던 비밀을
문득 생각한다

뒷날엔 맹암孟庵스님 뒤따르는
사미주리四尾柱離와 아기, 아낙, 노친네
아파 누운 가난한 마을마다
밤이면 가 꼬박 세워

돌보던 그때

둘이서 노비반란 꿈꾸다 잡혀
맞아죽으면서도 스님 이름
단 한마디도
뱉지 않던 바로 소초땅

그래
학곡못에 돌 달아 빠뜨려 죽이던
서러운
아홉룡의 물

머언 비로봉 너머
오대산 서대 우통수 가에서 울다울다
자살해 죽은 맹암孟庵의 흰 넋이
노을이면 찾아와 울던
소초 길굽이
그 모롱이에

나
오늘
잠깐 홀로 서서
마음으로나마 담배 세 대를 거푸 피운다

그밖에
딴 방법 없이

스님과 사미주리 세 사람 생각느라
가슴에 연기를 가득
흘린다 흘린다

머언 치악에서 종이 울린다
멀고 먼 명주溟州 땅
월정月精에서
기별이 온다

'북원에 돌아가
궁예의 영원산성 바라 아침마다
영산홍을 피우라!'

누구의 말일까?

온다

빈 무실리 집

내 방에서 꽃을 만지며

아득한 산성 바라 꿈꾸며 아아
남신원만북하회南辰圓滿北河回의
궁궁弓弓을
꿈꾸며 꾸며

아내 돌아올 시간을 기다린다

구룡九龍은
천부天符 수련 81자의
앞 두 자리 곱셈
아홉과
아홉의
관계

금선金禪이란 이름의 누른 치마 기수련

그이라 이젠
너른 벌

박달朴達 인근의 삼등산三登山 새물의 검은 주변으로
나아갈 때다

아니면 머나먼 북

기다린다

나는
안에 숨은

한 허공의 흰무늬

황상원길黃裳元吉 문재내야文在內也.

스웨덴 대사관

꽃샘 속을 달려
서울 성북동城北洞 스웨덴 대사관에 가
시낭송을 하고
강연을 하고
질의응답을 하고

기억난다
경도經度
지구자전축 8cm · 10cm이동을
아직도 확신 못하는
유럽과학의

헛똑똑이를 비판했다

기억난다

한 질문에 대답해

작년 스톡홀롬 대학 한국학연구소에서 한

'촛불, 횃불, 숯불
—기위친정己位親政에 관하여'를
짧게 되풀이 한 일

기억한다

밥 먹을 때 말을 해
입에서 밥풀이 튀어나가다 아내에게
주의 받은 일

아하하하하하

기억한다

촛불 때의 나의 '못난 시들'
888
그 잘난 여자의 얼굴을 만난 일

너무 지치고
너무 괴로워

그 좋은 밤길을 내내 한숨 쉬며

아
기억한다

대사관 들어가기 직전 쉬려고
이안재怡顔齋 화랑에 들러
우크라이나의
한
여성자수가의 벼개 하나를 샀던 일

벼개
이젠 쉬리라

아니
이제부터 사뭇 본격화 할
묘연화엄역妙衍華嚴易
모시리라

이제
십회향품十廻向品 첫째
중생회향에서 화엄은 효爻
주역의

산택손山澤損은 괘卦
천부경天符經의
묘연妙衍은
나의 추연推衍

동학의 모심과
예수의 섬김은
이제부터의 새 삶

아
이제부터 새로 살리라

성북동城北洞
스웨덴 대사관 갔다
돌아오는 길

길고 긴 피로감을

화엄개벽 주도의
여성
여섯이 씻어준다

곁에

앉은
내
아내가 나의 유일한 영광이다.

한 불빛이

끝에는
언제나
한 불빛이 온다
그 불빛은
산
배부른 산
배부른 산은 나의 출발지이자 나의 도착지

텅 텅 빈
무실리無實里 뒷산이다

뒷산 있어
무실리無實里

만겸萬謙이 있다

이 편한 세상 촛불방이 있다

운명이다
열네 살에 발견한

나의
노안지老安地
나의 개벽
그리고 나의 김영일金英一

황혼에 돌아온
대화엄 중의 쬐끄만 나의
한 꽃송이
영일英一의

한 불빛이 켜 있는
촛불의 방

등탑燈塔
묘연화엄역妙衍華嚴易의 그 애틋한 방.

나에게 한 거스름이

나에게
꽉 끼고 꽈악 조여서
빈틈없기를
그리도 바라고 바랐으나 그렇게는
못 살아온 나에게

한 거스름이
빈터가 오롯이 드러난 순간이었다

어제
나는
일본 화산과 지진과 쓰나미와
원전사고에

커다란
판단착오를 범했다

한 거스름이
있었다

일본 매스컴 부탁으로
'일본 열도는 가라앉을 것인가'라는
칼럼을 보냈다가

그 내용 때문에
그 내용이 판단착오라는
아내의 몇 차례에 걸친 지적에
더는 싸우기 싫어
취소한

내 생전 처음의
한 거스름이 있었다

지금
캄캄한
꼭 거스름 같은 이 새벽에 일어나 앉아

그런가
꼭 그런가
다시 묻는다

저 머언 우주의 깊이
나의 심층에서 한 대답이 온다

아아
한 거스름이
온다

그것은 단 한마디

'그렇지 않다
너는 옳다'

나의 판단은 여인들의 최근 혁신
료조, 레키조, 아메요코와
욘사마 때문에
한 사흘 뒤엔 일본이 다시금
아니
옛날과는 다른
개벽의 땅으로 바뀌어
우리 다 함께 전 세계에 새로운
아아
새로운 기위친정己位親政의
촛불을 켜리라는

그러나
아내의 반대를 모시기 위해
삼천 년의 그
편성偏性에

하아얀 초승달에
크고 큰 절을 드리기 위해

나의
조용한,
미소 짓는 한 거스름이 반드시
필요하다는

그런
대답이 바로

'그렇지 않다
너는 옳다. 그러나.'

물·1

서울
맏이 집에서

느을
어디 들어가 숨으려드는 땡이
우리 막내딸 고양이를 위해

서울 일산의 큰아들 집에서
그 집의 냉이
말라깽이 고양이 종이집을
가져왔다

이리 보고 저리 보고
처음엔 안 들어가던 땡이

어제 아침에 가만히 보니
들어가 엎드려

편안하다

남쪽창
머언 궁예의 영원산성 쪽
영산홍은 이제
거의 다 진다

물

물 한 잔 인
그 기별

그 기별을 지켜주는
배부른 산
무실리無實里
이 편한 세상
땡이네 집 촛불방 지켜주는

늘 목마른
내겐 한 잔의 물인
땡이의
물

물 한 잔인
땡이의 집
종이집

이 시대는 물의 시대
물만이
온 세계의 산알
집 없이는 다아 죽는다

이 글을 쓰는
나의 방 바깥에 지금

땡이가 와서
야옹

어제 아내와의 말다툼을
보았기 때문이다

중생해방의 날이 아주 가깝다

일본원폭방사능을
바닷물이
잠재우고 있으니

아아
그 물의
때가.

오일장 소식

나는
기쁘다

왜?

오늘이 오일장이어서
오늘이 마치
축제 같아서

한 토막의 가오리
세 가지의 봄나물
그리고 노오란
찰떡 한 묶음

오일장 오일장 오일장

그것이 이제

온 인류에게 무엇이 될 것인가

그리도 멀었던
그리도 시커멓던
내 열세 살의 도망 온
가난한 평원동의
오일장

그것은 과연
세 개의 신시神市가 될 것인가

오늘
아내는 토지문화관 일로
시장과 만나고

그 시간에 나는
장보러 간다

허허허

개벽이다 개벽만이
오일장 신시神市
비단 깔린 장바닥의

참 조건?

허허허허허

(허무가 아닌 애틋함이다)

새벽부터
이리 기쁜 것은
마음 저 깊은 곳까지
그런 것은

도대체 왜 일까?

나는
분명 좆 달린 사내

꼽사리이긴 하지만 스웨덴 대사관이
초청하는
4월엔 부산에서 강연하는,
초가을엔
세계시인대회 10명 초청에
동아시아태평양에서
한 사람

유일한 시인으로
베를린에서
나흘간 낭독하고 강연하기로 된,

4·19상賞을
사양하는데도 끊임없이
주려고 전화를 걸어대는 바로
그런
근사한 인물임에도

(근사한?)

헤헤헤헤헤

하바드대가
나의
'못난 시들'을 지금
기뻐서 기뻐서 번역하고 있는
그러한!

히히히
히히

하하하하하.

책

아침이 되기 전에
캄캄 새벽이어서 그런가

내가 왜
사월상을 받아야 하는지

왜
그것 안 받으면
나와 인연 끊겠다는 그런 사람이 나타나는지

까닭은
그들도
나를
좌파처럼
이용만 해먹겠다는 것
조심해야 한다는 것

아내에게 말했더니
듣지도 않고
돌아선다

말하지 말라는 것이다
글로 말하라는 것이다

가운데가 아닌
참 중도를

말이 아닌
책

그것이 나의 참말.

바다에서

어제
공부 끝나고

그저께
일본 열도 침몰 여부
교또 통신 글
취소하며 원고를 찢어버린 뒤

멍멍해 떠난다
대관령을 넘는다

사천에서 동다원에서
옛 금어를 만나 떠든다

허나
눈 많이 내리던 그날의
산과 산 사이 흰 눈의 옛 어린 날의

그 로맨틱은
없다

물방울 속에서
바다를 느끼는 그런
안정만 안다

돌아오며
이젠

시비를 떠날 생각 뿐

전화도
충고도
욕도
싸움도 끝난다

나는 오직
공부뿐
그리고 책으로 쓸 뿐

모두 지났다
허균도 허난설헌도

이율곡도 신사임당도

다아 지났다

오봉 아래
엄마의 산은
바로 양안치 밑

시비를 넘어선 상서
희비리 아닌
흰구름

그래
이제는 등탑燈塔에서 자그마한
원보의 촛불을
켠다

머지않아 세희가 와서
손으로 가리울 것

믿는다

나의 양안치 아래 희비리 아래서

멍을

그래
멍의 미학을 쓸 것이다.

가오리

오일장 생각하면서
내내
잊히는 이름

가오리

강릉에서 돌아오면서도 내내
내내내

메모까지 했으나
평원동 오일장에도
가오리는
없다

칠레산 홍어만 사 가지고 돌아온다
괜찮을까?

가오리는
잘 안 잡히고 비싸고 잘 안 나오고 어쩌고

명태꼴?

봄나물 두 가지 할머니에게 사고
노란떡 한 웅큼
은행
한 주먹

그리고는 그 위에
또
단감 한 묶음

돌아오며 내내 오줌 마렵다

전립선 비대증 치료과정이 바로
오일장인가

가오리가
오일장의 본명本名인가
희비리喜悲離가 아닌
가오리加五離?

봄나물
은행에
노란 떡
단감

그리고
칠레산 홍어?
괜찮을까? 가오리加五離?
내내다
내내 그렇다

허허.

토끼해 8월 30일

두 개의
매우 귀한 원고를
내 스스로 찢어 없앴다

몹쓸
서양과 동양의
두 남자 버릇을 복수하는
강한
여성적 원고

둘씩이나 누가 찢었을까
누군가

의문이다
나는 본디 원고 찢는 사람이 아니다

누구?

토끼해 8월 30일에
대답이 올 것이다

그때
괴질怪疾이 일어날 것이고
그날
산알이 올 것이다

열일곱 개의 신비로운
칼·프리브럼의 이른바 홀로그램이 산알로
올 것

나는
오늘 아침
그것만
느낀다

그밖엔 없다
불철주야
이젠 전화도 다 끊어 버리고
혼자서 이리
공부할 뿐

뿐

그러나
허허허

8월 30일 그날
나는 왼종일 방에 틀어박혀
바로 그 산알이 오는 시간
1시 30분
한 시간 20분 동안 오대산 적멸보궁

안 갔다
이를 갈면서
몸을 뒤틀며 가지 않았다

왜?
허허허허허.

누가 날 이리 움직이나

누가
나를 이리 움직이나

아침 공부 끝나고
나
박달재 밑
삼등산三登山 계곡으로 들었으니
누가
아침 9시 반
이리 천지인天地人과 세 수왕水王의
천부天符
신시神市에 부딪치게 하나

거기
경은사 골짜기
리좀 리조트가 삼등三登은 아니지만
삼탄三灘을 찾아

그 시간에
해맑은 삼월 햇발 속에
묘연妙衍을 돌파한

내 깊은 곳
우주 엄마의
혼魂

어어 장호원으로 원주로
끝내는
점심 먹고 나서는 바로

호저好楮로 달려
칠봉서원七峰書院
한백겸의 고개 외로 꼰
그 거북의 비밀을 찾아간

그것은
누구

또
왜?
아아 며칠 뒤에 부산에 가

영구망해靈龜望海의
동백섬 강의를 해야 한다

왜 고개를
외로 꼰 신령한 거북이
머언 바다

지진 해일 화산 원전의
태풍 아래 있는 일본 바라보는 그 부산을
그 부산의
거북을

거북 신령을 설명키 위해?

거기
칠봉에
서원은 없었다

아침
돌파 이전에 무슨 일이 있었나

돌아온 오후
라면 먹으며 생각한다

영산홍은 졌고
아내는 서울 갔다
머언
궁예의 영원산성 절벽만이
우뚝하다

울음산의 그림자

내가 스스로 말한다

'암은 암으로써만 끝난다'.

나에게

나에게
사월그룹이
사월상四月賞을 주겠다고

나에게
수백 명 교장 출신의
늙은 교육자들 모임에 강연해 달라고
삼락회三樂會가

기이하다

이 봄에
사월四月과 삼락三樂이 나에게
상을 주겠다고
전원일치 했다고

괴이하다

땡이가 밖에서 울고 있는 촛불방
등탑燈塔의
이 외로움 속에서

이제 밖으로 나아가지 않으리라
결심한다

나에게
내가 줄 것은
이제

둘

묘연화엄역妙衍華嚴易과 모심 뿐

그것은
배부른 산에서 다 열고
무실리無實里에서 다 닫는
한 송이
꽃
촛불 뿐

그것이 나의

이 편한 세상의
등탑燈塔

나에게
지금 필요한 것은

단 한 마디의
공부

'한 시작이 시작이 없는 한'

그것 뿐.

물·2

양안치兩岸峙 너머
귀래歸來 뒤편 미륵산 아래
경천묘敬天廟

옛
신라 마지막 경순왕 들어온 길
그 물길도 이제 없다

주포리走浦里
없다
영원산성
신림 탁사정 앞
배론 성지 지나
천지인天地人이 시작하는 박달재 입구에도
물길은 없다
주포리走浦里

장호원 앞 그 드넓은 강자락에도
마저 없는
물

박달재 밑
남한강 충주호 자취도 없다
호저好楮라는 사제리 끝
팔포八浦에도
물은 없다

달나무 담겼던 달무리강
섬강蟾江도 없다

온 동네에
물 없다

달에는 6억 톤의 얼음
혹성과 혹성 사이에 가득 찬 화이트·홀
그린·포플러
옐로·보우넛
블랙·헷지

태양열 식어가고

흑점다운은 170일
세 개의 태양 상상력이 과학이 되어
불이 빛으로 변하는 이 때
그때에
우주에 물과
물개가 함께 뜬다

물의 시절에 물이 없다

참
원시반본
다시 개벽은
맞는가?

일본 원전은 바닷물 벼락으로
겨우 겨우 폭발 안 되고
숨쉰단다

물

물이 없는 천지인天地人
괜찮은가?

내가 어제 박달재에서
천지인天地人의
세 등산登山을 못 찾은 건
물이 없어서였다

뾰족 바위는 좋으나 그 뒤편
경은사敬恩寺에
리조트까지 만들면서 계곡엔
바위 바위 바위 장식 뿐

어허
물이 없다

경은敬恩의
그 절은 물을 모심일 터

물이 없다

엊그제 신문에 난
달라이 라마의 한마디 말

'나는 물러간다
내 뒤는 여성이었으면 한다'

그런데도
절에
절에
절에
물은 없다.

돌아와 깨닫다

문득
어딘가
참으로 가야할 곳이 있어

아마도
당분간은 마지막일 어느 곳 있어

우선은 그리로 가기 위해
높고 준엄한 영원산성
궁예 골짜기 올라

언제나
감도는
서기瑞氣

그 힘으로 탁사정濯斯亭 길 건너
배론 성지에 든다

지학순 주교 묘지에
큰 절 한 번 하고
당분간은 공부하느라
못 오겠노라고 하고 돌아온다

돌아온다
단구동 토지문학회관
박경리문학관에서 열리는
토지의 한국사
시작

저녁 다섯 시

여인들과
아기들이다

참 조오타
그러나
참 안 조오타

토지가 한국 좌파역사의 설명서였던가
상상력이 시간지속성의
산물인가

미학이 유물론과
변증법의
증명체계이던가

허허허라고 웃지는 않겠다
조그만 아기들이 열심이니까
그러나

또
전교조인가

인사 대신
'그런 짓 하지 말라'
한 마디 남기고 돌아온다

돌아와 깨닫는다

곤괘坤卦?

곤괘坤卦 위에
자행동녀慈行童女와 구족우바이具足優婆夷와
마야구파摩耶瞿波와
일일이일화식조붕대성불一日二日花蝕鳥鵬大聖佛의

팔려사율八呂四律 위에

그래

허허허허허

묘연妙衍

그리 쉽지는 않다
까불지 마라

밤새 몸이 아팠다
그러나 기인 잠

오늘은
일요일

박경리 세계상 위원회가
어제야 완성

오늘은
일요일

아내와 함께 점심때는
이 근처에서 잘 한다는
값싼 뷔페 먹으로 갈란다

돌아와
깨닫는다

원주 삶에서 가장 중요한 초점은
그렇다

귀래-홍업 사이 희비리喜悲籬
양안치雨岸峙 너머
백운산에 문득 다가드는

저어
서기瑞氣

오봉五峰의 상서로움

그 모심

그렇다

그리고는 배부른 산 무실리
이 편한 세상의

끝없는 화엄공부의
외로운 촛불방

아내의 황상원길黃裳元吉을 숨어서 돕는 것
문재내야文在內也의
무늬

무늬는 그러나 어느 날 서기가 되려나?
희비리喜悲離와 서기瑞氣의 미학으로 문득 떠오르려나?

엊그제
북쪽
횡성을 지나 험악한
삼마치 고봉 아래를 지나 지나
춘천 앞 드높은
원창고개에서 문득

내 입에서
갑자기

'그만' 소리가 나왔었다

왜
더는 안 갔나?

그렇다

북하회北河回는
남쪽 별이 원만을 얻어야
희비리喜悲籬 오일장五日場이
양안치兩岸峙에 서기의 아름다움이 떠

모심으로
떠

그 뒤로 무늬가 떠…….

모심의 아침

눈 내리는
4월 19일 아침

아메리카를 휩쓰는 토네이도만큼
제주에 3만 마리
제비가 한 곳의 전깃줄에 모조리 모여
강남 갈 때를 기다린다
대관령에는
폭설

아침엔 겨울
대낮엔 여름

극도의 하지夏至 극도의 동지冬至

그래

얼마 남지 않았구나
춘분春分 추분秋分 중심의 사천 년 유리세계
참말
가깝구나

어찌하는 것이냐
개벽 속의 혁신은 과연
어디서 시작하느냐

신문엔 '개벽'이라는 책이 홍보 중인데
거기
모심 같은 건 없다
그는 개벽이 무엇인지 모르는 것

눈 내리는
4월 19일 아침

온종일 몸이 아파 뒹굴며
생각한다

그날
나는 흑석동에서 성북동까지
이불짐을 매고 걸었었다

광화문에서 종로에서 친구들이 불러도
아무 말 없이 갔다
속으로 한 마디
'이념도 조직도 없는 폭동!'
외우며 외우며

그러나
그 이튿날 대학가에서 별장다방에서
구두닦이, 신문팔이, 아줌마들 만세 부르며
학생들과 함께 트럭을 타고
내내 달리고
총소리 계속되고
나는
내 잘못을 알고 울기 시작했다

그때
내 마음에 눈이 내렸다
개벽

그 뒤
나는 혁신에의 길
혁명에의 길을 내내 걸었다

이젠
참말로
개벽이다

이제
참말
혁신은 혁명은 어디 있는가

모심뿐
다함없는 모심뿐

인격·비인격
생명·무생명
일체존재를 다같이 거룩한
우주공동주체로 높이 들어올리는 모심의
모심의 세계문화대혁명만이
개벽적 희망
혁명적 개벽

그때

아아 그때

비로소 자행동녀慈行童女의 자리는
비로자나의 씨궁전으로 변한다
그때 비로소
무승당해탈無勝幢解脫
조건 없는 자유가
무위역행無違逆行
거스름 없는 반역이
선견善見과 자재주自在主의
대화백大和白이 되고 대화엄大華嚴이 된다

우리 땡이도
저 숲속의 앙금이도
눈 속에서 내게 와
부끄러움 없이 춤추고 노래하리라

누군가 내게
사월상四月賞을 받으라 강요까지 했지만
나는 사양했다
당연하다

나는 그날 이불짐을 매고
흑석동에서 성북동까지 걸었던 사람
그 뒷날의

눈 내리는 눈물의 부끄러움으로
평생 혁신의
혁명의 길을 걸었기에 조용히
사양했다

오늘 아침
51년째의 4월 19일 아침
눈이 내린다

혁명이 아닌
개벽이다

이제는 안다
모심뿐

나는
부끄러워 부끄러워
바로 지금 그리도 부끄러워
그 길 갈 것이다

개벽상 같은 건 없다
혁명상도 없다

내 식구들
고생한 내 식구들
건강하게 오래 살았으면
그리고
우리 땡이와
앙금이
춤추고 노래 부르고
햇빛 속 푸른 하늘에 눈 내리듯 그리
그리도 우주 생명 모두 다 자유로웁길

그것만
바라고
모실 뿐

제주 제비들 3만 마리가
꼭 일정한 간격으로 앉아
서로를 모시듯
그리 모실 뿐

무량 후천개벽의 첫 아침에
이
모심
두 글자를 가슴에 온몸에 외우고 외우고

또 외울 뿐

어제
박달재 입구
정도령 골짝에서
서방대장군西方大將軍 동방대장군東方大將軍
그 사이에
놋잔이 세 개

그 돌덤부락, 산시山市 뒤에
물 흥건하던 산상지유수山上之有水 곁
한 오막에서

아아
옛 마고처럼 옛 신시神市의
궁희처럼

수수한 한 여인이 나와 웃고 있었다

그것으로
나의
공부
첫공부는 끝났다

얼마나 다행이냐
눈 내리는 51년째 4월 19일 아침
시작노트를
노란 등탑燈塔에서 푸른 등탑燈塔으로 바꾸며
가슴을 쓸어내린다

이제
이리 모시다
죽어도 좋다

다만
내 식구들 내 인류들
내 중생들
원수마저도 마구니마저도
다아 살고

나만
죽어도 좋다

이 모심만 분명히
정도령이라면

그 입구의

주포리 같은 첫사흘의
사랑같은

그런 모심이라면
그도 넘어서 또 넘어서고 넘어서는
한
서기瑞氣의
모심

그것이라면.

삿갓봉을 지나며

문득
여주 긴골의
목아木芽 박물관을 가다가

삿갓봉 꼭대기에
여주온천이 있음을 확인한다

거기
언덕에 흩어진
독버섯

그 독이 뜨거운 물에
씻겨 사라지는구나

그것은
구원

그것은
해방

그것은 수천 년 쌓인
독한 원한의
유일한 처방

그렇게 가는구나

'잘 가시오
이젠 잊으리다
똑같이
그 스승이라는 분도
이젠 까맣게 잊으리다
그 친구란 사람도
당연히'

차를 한백겸 묘지 지나
연세대로 옮긴다

물었으나
없다

장모님 북카페 상설인줄 알았더니
없다

어제
박달재 입구
정도령이었구나

아직도 살아있는
동서융합의 산 위의 물
산시山市의

그래
목계 남한강의
우통수로부터 서해로 흐르는
파시

선창마을의
소사화蘇思和 해인亥人의
엄마

나중 남모南毛 준정俊貞의 엄마
오늘의
양안치兩岸峙 장전藏殿의

사자당獅子幢
그 엄마

알았다

어제와 오늘

수왕사水王史의
현재

아내가 돌아와 밤에 말한다

'춘천 강릉에서 KBS 위원들
열 명이 와서
놀라
말했어요'

〈공원에서 감격해 울고
또
문화관에 와
굉장한 풍수에 놀라
깜짝 놀라서
이제

잘해야겠다고〉

작은 애 가졌을 때
머리가 다 빠져 두 차례나
자살약 먹었던
아내에게
이혼을 강요했던 그 삿갓봉의

신선봉 아래
지족知足을
분가分家를
그래 해남海南으로 떠나라 했던 누님 소식 사흘 전의 고사리
그,

그 해남海南까지 와
이관탈취移管奪取를 집행하던
그 잘난 스승이라는,

그런데도
삼등三登 아래 삼탄三灘의
산시山市 파시波市의
북극 엄마의
오봉五峰 십무극十无極의

장전藏殿

배부른 산 무실리無實里가 본디는
모심의 자리
흥업興業이었다

사제리師弟里의 큰 청옥 서당자리 무릉박물관
두 초등학교에
두 중고등학교에
대학이 세 군데나 있는
대화엄大華嚴이 가까운 무위역행無違逆行의
무승당無勝幢
해탈解脫의
사방으로 가는 길 휘언한 흥興 자 업業 자의
바로
그.

수굿이

이젠
기침도 멎고
수굿이 오시는 구려

종일
이 뜨거운 겨울
개벽의 시절에

이젠
남쪽 창밖 머얼리
영원산성 바라 안 봐도
기다림으로
즐거운

즐거움으로 공부하는
한
아기의 방

당신
그 방에
검은 반야심경般若心經 석판 앞
흰 촛불 켜 주신 당신의 한
아기의 방

등탑燈塔

황혼에 돌아온 등탑燈塔

배부른 산 무실리無實里
이 편한 세상
땡이네 집

그래
땡이가 경호실장하는

황혼에 돌아온 그 함석집
옛 다섯 살도 넘어선

참말의 노안지老安地

여기가

본디
흥업면興業面이었음을 어제 차에서 문득 듣고

아하
자행慈行과
구족具足의
초생初生에도
편성偏性에 마저 큰절 하는

해탈과
해월의

모심의 비밀을 깨닫는다오
수굿이

수굿이
하심下心을 익힌다오

나의
등탑燈塔

낼 모레 서울 양반들과
당신 함께 귀래歸來에 가

손짜장 먹을 일

나의
큰
오일장이라오,

안덕사安德寺 신당神堂

언젠가
치악산 뒤
신림에서 옛 신당이
발견됐다는
한 소식을 들은 적 있어

등탑을 나와
신림쪽으로 갔다

산골짜기 골짜기
작은 길 좁은 길 돌고 돌아
가고 또 갔으나

왠
작은 집 마루에
왠
건달들 몇 모여 앉은 것

그것밖엔

그리고 산 위 푸른 하늘
물 대신 흐르고
산 아래 돌덤부락
솟대처럼 쌓인 것
그것밖엔

없어
이어 탁사정 건너

배론엔
옛길 아니니 할 수 없지만
이것이
무슨 성지

옛 신림 건너 길 아닌
왼통
공사장이야
펜션이야

지池주교님이 참말 안됐다
그저

목례만으로 돌아온다
백운산白雲山
신神도

안덕사의 치악산 신神도
아무 말씀
없다

내 안에서 한마디
오늘 나의 등탑 숙재에
한 마디

'무실리無實里의 허름함으로
배부른 산의 서기瑞氣를 표현하시소'

허허허
(또 웃었다)

어렵게 쓰지 말라는
아내의 당부 지키기가
이리 어렵구나

험준한 영원산 더 험준한

단구동 토지공원 지나며
왠
처녀 운전기사 더러

'얼른
시집이나 가소'

허허허
(또 웃었다)

내 방에서 난다는
독한 냄새

땡이가 싫어하는 귀신냄새
지우기가

참
힘들다

허
(쉽게 쓰기가 그리 쉽던가?)
허허허허허

돌아와 쉽게 시작
다시 한다

쉽다
(억지로! 허허)

안덕주론탁사정安德舟論濯斯亭
치악산 백운산 배부른 산
무실리無實里 무실리無實里 무실리無實里
아
등탑燈塔이다

시커먼 반야심경 앞
하아얀 촛불이

되레
모심으로 가는 길

(하나 배운 건 돌덤부락
솟대 흔적이니 그것이 바로
산 위의 물
산시山市
바로 신시神市자리다

신당神堂이
신시神市)

헛!

(당堂이 시市라
너무 쉽구나)

조심!
무심!
모심!

궁궁르르

내가
나에게 말하기 시작한다

이상해 할 것
없다

풀에서 꽃이 피고
푸른 하늘에 흰 구름

내 가슴에
내 아내가 들어왔다 얼마만인가

아득한 옛날
감옥에서 내가 묶여갈 때
아내의 눈에서 나온 눈물이
허공으로 튀는 걸 보았다
표현이 아니다

사실이다

그 눈물이
어제
그리고 지난 밤, 또 지금 이 순간
수없이 수없이
튀어오른다

궁궁궁궁궁弓弓弓弓弓

그리고
육불수六不收의

커다란
또
자그마한

궁弓

양안치兩岸峙는
궁궁弓弓

박달재휴게소의

정도령의
서방西方 동방東方은
궁예의
죽은 부인의

몸이 아픈
그럼에도
서울 간 아내

수없이 수없이
자양영당紫陽影堂이고
주포천走浦川이다

귀래歸來와 흥업興業은
오봉五峰에서
장전藏殿이니

아아
궁궁태극弓弓太極이로구나

어허
이재양궁利在兩弓이로구나
허허허허

하회河回다
이여송李如松의
묘향산妙香山
바로
그
진몰지珍沒池
그 또한
여성의
궁극이로구나
허
(마지막 웃음).

나의 운명

등탑燈塔의 등燈은
빛
촛불의 빛

빛이 썩어
액돈의 부패가 되어

나는
한줌도 못 되는
썩은 송장으로 흩어져 없어지리

여기
이 누운 자리

생각 생각
그리운 모심의 자리에서
죽어 없어지리

바로
지금

내가 모심을 외우고
믿고 생각하는 이 침실에서

이 새벽
그리
다른 기적 없으리

그것이
나의
때의
운명

저 청청한
아득한 푸른 하늘

내 마음
내 삶은 거기 흐르는
흰구름
너는 누구냐
지금 내 앞에 서 있는

나는 어디에 속하는 잠시 동안의
무슨 바람인가

내
이제
세상을 떠나

저 기이한 박달재로 간다

거기
작은 하나의
돌이 되러.

아내의 기침소리

잠속에서 들으면
아내의 기침소리
좋지 않다

끊임없이 일하는 그이
쉬지도 않는
그이의
외로움

누가 그이 곁에서 위로하랴
두 아들은 멀리 있다
오지도 않는다

오직
하나

고양이 땡이 뿐

나는 구석방에서 겨우 겨우
숨쉰다

살아있는 것 단 한 가지로 그저 그렇게

서럽다.

오봉五峰 근처의 칠봉七峰

나
이제
가까운 곳

배부른 산 밑
동네 이름 사제리부터
의심스러워
찾는다

무릉박물관에 가
일요일
아무도 없을 때 살피고
살펴보니

옛날의 큰 서당
사제관師弟館이라
그리고 청옥서당靑玉書堂이라

사제리의 시작이었다

활쏘기
당수
온갖 것 다했던

그래서
흥업 일대가 교육판
큰 대학 세 곳에 큰 중고등이 세 곳
결국은 꼭대기
양안치兩岸峙엔 토지문화관까지

앗!
화엄개벽華嚴開闢은
교육
정치가 아닌 문화文化로부터다

또 간다
만종가구단지 구경하고
월송리 오크밸리도 본다

스키며 골프
산천골 때리기다

미친놈들!

또 간다

문막 너머 부론富論
섬강이 남한강과 합치는 거대한 바위 밑
옛
젊을 때
이곳 왔던 생각난다

돌아서
문막 벌판에
삼향에서 경천묘 가는 표지 있어

물길 자취 따라
근 16킬로 귀운저수지까지
오르고 또 오르는 길

손곡리 아리따운 길 지나 결국은
주포리 미륵산 아래
삼층석탑 영정묘

왜

가는가

나
내 길에 잠시 묻는다

나
본디
전라도 사람
쫓겨는 났지만 갯땅쇠
원수같은 신라
경상도 양반 장모님
그리고
아내가

왜 이곳 원만의 땅
원보의 고장에 왔는지를
역사 원형을 찾는 것
며칠 전 어제 그제는 영원산성 궁예터와
박달재 삼등산三䔲山과
묵계 선창 마을에서 찾았더니

아아
찾았다

귀래貴來는 귀운貴雲의 물
귀운歸雲의
나그네

슬픈 걸음이었다
장모님과 아내와 어린 원보는 내내
슬픈 삶이었다

양안치를 넘으며 돌아오며
내 오늘의
이 기쁨은
그 슬픔의 거름 탓

가슴을 친다
오봉五峰 위 흰구름이 슬프다

그러나
사제리師弟里 흥업興業
가르치고 또 가르쳐
문화文化로 화엄 이루어
대학과 고등학교 중학교도 옛 서당처럼
가르쳐

어허
귀래貴來 귀운貴雲이
귀운歸雲이 되어 흥업興業으로
화엄
개벽
이루는 모심의 자리로

오봉五峰
사자당獅子幢은 비로자나의 장전藏殿

그래서
오위五位의 행장行藏
큰 정치세계의
무봉탑無縫塔이
불인과문佛因果門이라
미륵과
백운 사이
배부른 산 무실리茂實里

무실리無實里
이 편한 세상
반야심경 검은 석판 앞
흰 촛불 한 자루

등탑燈塔의
다섯 살 고향땅
함석집에 돌아왔구나

하당下溏 시커먼 밑구멍 평원동平原洞에서
단구丹丘 거쳐 단계丹溪 옆 무실
이 땅 왔구나

그래
사제리師弟里
그래
아내는 나의 큰절 거듭거듭 모시는
흰그늘의 스승

두 모심이
다
해월海月이요
해탈解脫임을 알았다
미가彌伽임도 깨우쳤다

돌집이 아닌
이순신 기리는 사람
배부른 산 아래서 늙어감을

만종에
큰 가구단지

꼴불견의 오크밸리가
월송리에 있음도 알겠다

못 찾은 건
전화번호도 네비에도 없는
칠봉서원

내
마음 안에 있는 서원

육궁六弓 너머
칠궁七弓이 곧 나의 공부로구나!

어험

내 공부 지침의
상징까지도 찾았다

이젠
많이 많이 안 돌아도

되겠구나

똥 마렵구나
오늘 새벽 큰 돈 벌었다

오봉五峰 다음
육불수六不收 너머
배부른 산 아래 무실리無實里의
이 편한 세상
칠봉七峰

어헛

참 화엄역華嚴易
묘연妙衍으로 찾았다

기전제箕田制의 현대적 의미도
칠봉七峰 가야 안다니!

오크밸리 입구의 목포낙지집
만오천 원짜리 연포탕은
참말 엉터리
새끼손가락만한 낙지새끼가

넷인지 다섯인지
엉터리

오랜만 목포라 해서 왔는데
정말 엉터리
만오천 원이라니!

어헛

기이하고 기이하고
또한 기이하다.

희비리喜悲籬에서 양안치兩岸峙로 다시 희비리喜悲
籬로, 거기서 다시 무실리無實里로 오는 일기초

얼마 전부터
기획했다

배부른 산 아래 만종 구석의
무릉박물관을 내내 겨냥하다가 드디어 한 일요일
텅 빈 그곳을 가

마침내 그곳이
옛 서당
청옥서당의 이름
사제관師弟館이고
그래서 동네 이름이 사제리師弟里임을 안 뒤

내 어릴 때 살던
시커먼 개굴창 평원동平原洞 가난뱅이 동네
그 옛 목포의 뻘바탕
하당下溏

희비리喜悲籬 오일장 장터로부터

치악산 영원산성
백운산 배론 너머 자양영당
박달재 지나 목계
선창마을도 지나

부른 목탄리 손곡리에서
경순왕 배타고 올라온 귀운 못
주포리 오르고 올라 귀래
경천못에서 물 한 모금 먹고
미륵산 아래
귀래에서 손짜장 한 그릇 먹고
백운산 바라 가다 가다
서기瑞氣의 양안치兩岸峙를 넘는다

오봉에서 십무극十无極에서
사제리로 만종으로 호저로

아아
칠봉七峰으로 간다
태장으로
다시 오일장 희비리喜悲籬 옛 평원동平原洞

바라크 시절로
하당下溏으로 나오며

내가 바로
오봉 따르는 칠봉
사제관師弟館이 바로 귀래歸來－흥업興業의 양안치兩岸峙

다시 옛 집터
태양서반太陽書盤 곁
단구丹丘 반찬 가게 앞에서
울반에서 흐르는 희비리喜悲籬

진한 색정色情과 깊은 절망이 넘나드는
짙고 진한 사내의 노래를
저 줄광대의 시김새를
네 가지 생선젖을 사며 가슴 뛰는 슬픔 속에서 듣는다

나는 칠정七情
칠봉서원七峰書院은 칠봉七峰에도 없었다

배부른 산 무실리가
바로
내 공부의

칠봉七峰

화엄역 화엄역
묘연妙衍 화엄역이 바로
칠정七情 속의 사단四端

바로
이불리移不移의
월인천강月印千江이니

각지불이各知不移다 간다 갈 수밖에 딴 소리 없다
단구丹丘 반찬 가게 앞에서
약밥 여섯 개를 사들고
단구동
토지문학공원
동상 밑으로

날씨는 개인다
선거날이다
도지사 시끄러운
엄기영-최문순 선거날
최는
강원도를 북한과의 통로 만들겠다 큰소리다

보이콧 작심했으나
동상 앞에서
아내 시키는 대로
투표를 결심했다

서투른 친북親北 막으려면
새로운 김신조 침투 막으려면
가자

어렵사리 어렵사리 투표장 찾아
아하
오봉五峰 제자 칠봉七峰의
칠정七情이로다

들어갔더니
한 사람이

'김지하 씨지요?'

대답 않고 한나라 엄기영이 찍어 넣고
'이 편한 세상'으로 돌아온다

끝났다

나의
사제리師弟里 궁예여행은 끝났다
집에
강원도민일보에서 특집
'지학순 장일순 박경리 생명평화사상'
구상이
아내 앞으로 날아온다

그래
누구 짓인지 잘 안다

그러니
아내의
'박경리는 뺀다'에
만족한다

지주교는 근원이 성경에 있고
장일순은 생명론의 근원이 바로
나에게 있다
그러나
스승은 박경리
아니
그 스승은 채마밭

그러면 끝났다

장일순은
'무사분주 장일순'이니
채마밭 몰라도
저 혼자 바빴으니 그 역시 생명이리

허허허허

오늘 동그라미가
곧
원만이다

남신원만북하회南辰圓滿北河回를 배웠구나

중앙일보가
전화로
'4·19입장에서 5·16을 검토 해 달라'
인터뷰 요청이다

하겠다고 했으나
어떻게
욕을 안 하고

점잖게 할 것인지 생각한다
서울서 아내가 돌아온다

비가 개이고
창밖으로 머언
영원산성
궁예터가 보인다

아하

아까 여행에서
그곳 오르기를 빼먹었구나

원주 호족들
나를 죽이려 든 호족들을
용서가 아니고
용납했구나

나의 화엄은
크다
그러나
어렵다

북한과의 통로?
지금?
남한좌파가?
저희들이

왜?
지금이 그런 시절인가?
제비만도 못한
머저리들!

내 걱정은 오직 아내뿐
아내의 양안치 오봉뿐

자행동녀慈行童女의
사자당獅子幢 장전藏殿 비로자나의 그것
구족具足의
무위역행無違逆行뿐
나의
문재내야文在內也의 길은
조용한
사제리師弟里 칠봉七峰

돌 깎아 이순신을 기리는 자리

배부른 산 아래
석탑石塔

등탑燈塔이
그곳

검은 반야심경 앞 하아얀
외로운 촛불
촛불방

새벽 다섯시다

문을 열고 신문지를 보니
좌파다
북한 통로

아하
재보선이니 내년 총선 대선 시끄럽다
애 많이 쓰란다

아내가
걱정이다

열어놓은 문으로 땡이가 들어와
길게 눕는다
피곤하단다

어제 여행의 결론은
(시에, 시적인 일기에 결론 있나?)

그래도
결론은
한마디로!

'더욱 더 모심!'

노트에서 눈 들어 땡이를 보니
없다

시계는 다섯 시 가리킨다
침대에 누워 캄캄한 칠을
한참 지나다 문득 일어나 앉아
내 책상을 본다 책과 노트 수북한데

내 책상 아래
땡이가 누워 있다

아하!
공부
'더욱더 공부해라!'
좋은 결론이다.

이 이상한 날의 일기초

이 이상한 날에
토끼해 4월 28일

호저 고산 선생님께 가
묻는다
'오늘 제가 어찌 해야 합니까?'

세 가지 대답이다
작은 애를 귀국시켜 치료시키고
아내를 일체 간섭하지 말 것
바깥 발언은 철저히 중도中道를 지킬 것

됐다
횡성 지나
공항 지나
구룡사 가서
푸른 비로봉 보고 돌아온다

영원산성 길의
내 좋아하는 아미타골짜기 산다는
운전기사 만나
기이한
동의에 도달한다

집에 돌아와
지독한 피로감에도
모심으로 가는 길 원고를
구십 장까지 마저 쓰고
만족해 눕는다

미친 건가?
초친 건가?
괜찮은 건가?

아내는 돌아와 시무룩하다
작은 애는
내 책임 같다

무겁다
그러나 입을 닫는다

오늘이
토끼해 4월 28일

새날이다

새길 가려면 반드시
낡아빠진 서푼 짜리들 껍쩍대는 법

웃자
그리고 집에만 머물자
아무 소리 말고

쓰자

이 이상한 날에
영원산성 아미타 골짜기에
정동주라는 한 시인

'단야'라는 글을 쓴
오십 대 시인이 사는 걸 들은 일

가진 않겠지만
내 마음은

또
박달재다
궁예의 슬픈 꿈은 도리어 거기

그리고 여기
여기
이
책상

반야심경 검은 판 앞
하얀 촛불 하나 켠
등탑燈塔
참으로 촛불방.

단강

내가
너에게 이 말만은
꼭 해야겠다

날더러 말이 많다고
아내는 늘 흉본다만 이 말
남한강이
알고 있는 것보다
엄청나게 큰물이라고

그 물 중에도
부론에서 섬강과 합류한
단강

참으로 크고 길고 아름다운 강이라고
더욱이
조기암 마을

단 한 마디
'참 좋다' 밖엔 할 말 없는
덕은 마을도 지나
금박골 고개 내리며
한 이정표
'견훤길'에선 차를 세울 수밖에 없다

옛 역사책에서 읽은
견훤의
이쪽 활동의 기이함

이 풍경들과 얽힌다
희한하다

영원산성
박달재
단강
조기암

'참 좋다' 밖엔 할 말 없다

그러나
네 번이나 계속 되는

똑같은 이정표
'좀재-부론-300m'
알 수 없다
?
?
?

밤에
해남 아우 전화에
그 좋다 소리 계속 늘어놓는다만

아내에게
말 많다고 한 방 먹는다

늙어가며
주책없다고

그래

바로 그것이 '단강'이요
'조기암'이고
금박골이다

그러나
?

아니다
뜬금없는 '견훤길'이다
남쪽 백제놈이 중조선에서 활개쳐서 금박골의 '좀재-부론'이
라!

이른 아침을 먹다
강릉에서 강연하고 서울 가는 길에

중간에
날 보겠다는 한 여자 페미니스트 이야기

침묵으로
거절한다

뜬금없다

제발 단강처럼 유유하렴
시간 나면
중간에 본다고?

페미니즘이 중간중간 하는 거냐
제발
부디

단강처럼
박달재처럼
영원산성처럼

중간에 배론성지처럼 목 잘리는 것만
좋아하지 마라

성형수술도
유학성적표 따위

그런건
'글로벌' 아니다
네셔널 안에 이미 글로벌 있어야지
있어야지 보다
크고 길고 아름다워
'참 좋다'래야지

단강이래야지

에잇
개코구멍같이!
나이가 몇 살 차인데… 중간?

제가 언제 견훤이냐
그것도 동에서 서로 가는 데서
중간?
그것도 잠시?
에잇
개코구멍같이!

어허
그러나
좀재-부론-300m
여기가 거듭
견훤길 사이에 거듭
?
?
?

안개세상 일기초

밤새
비 퍼붓고 벼락 치고
천둥 번개 아침까지 쏟아지고

온 종일
짙은 짙은 안개세상

왜 이리 모르나
이런 날

성큼 나선다
양안치兩岸峙와 두물머리를
비교하러 나선다

삼교리에서
국수를 먹고
사제리 돌아올 각오하고

양안치 넘어
장호원 지나 양수리
두물머리 간다

서투른 다섯 달 짜리
기사를 만나
이리저리 비틀비틀

안개 가득 차
원만 중조선 너른 벌판 못 보고
세미원
두물머리 선다

아아
이래서 왔구나

양안치는 안개로 서리가 가린 산 속
두물머리는 또 안개로
툭 터진 바다

곁
마재의 공전公田 사전私田
엇섞인 정전井田

북한강 남한강 엇섞임
개신교 천주교 곤지암 용문산 엇섞임

우통수와
가평 골짜기
바람과 빛 연구소

동서양 엇섞임
돌아오는 길 강천 부평의 한백겸
기전箕田의 중국 한국의
정전井田 엇섞임

안개로
뒤범벅

개벽은 엇섞임이나 뒤범벅인가

모른다

양동
못 가보던 당산堂山 땅을
못 보던 날씨에 지나며

비로소
개벽이 새 땅 새 세상의
조판이고
창조임을 깨닫는다

둘의
셋의 아버지
둘은
셋과 다르고
셋은
둘과는 전혀 다른
복승復勝

개벽은 그래서 복승復勝

돌아온다
다만
안개만 배우고
온다

이제부터는 무겁다
안개는
무겁다.

산과 물 사이에

산과 물 사이에
화사한 세상 있었다

박달재 정도령과 목계나루
선창마을 사이
인등산人登山 아래 삼탄강三灘江 인근
온갖 애틋한 세상 있었듯이

복탄리 손곡리 사이
단강 가에 갖은 아리따운 긴긴 부론富論
마을들 펼쳐지듯이

양안치와 두물머리 사이에
안개 속에
아아
남쪽 별 북쪽 하회河回 사이
조건인

바로 그 원만圓滿 있었다

산과
물의
둘 사이에서
셋과 셋도 넘어선
삼태극三太極마저 넘어선
오황극五皇極 십무극十无極 그도 넘어선
십오복승十五復勝

박달재 상설의 새 놋잔
천지인의 새 등산

사이 사이의
수많은 세계 이름들

알았다
그 원만圓滿이
다만 월정사月精寺의 경經공부만은 아니다
경經까지 합쳐서
큰바다

해인海印

(이제 찾았다
가는 일만 남았다.)

새 세상의 예감

뚝 끊어진
세상과의 사이에

세 통의 전화다

조남훈
아버지 술친구
아직까지도 술 하신단다
신문에서
아내의 기사를 읽고
울면서
전화

아버지 친구라던 젊은 놈
그 호로자식을 잊는다

여성생태학자 건방을

제딴엔 내게 대한 학문적 관심이라
읽는다

또
대구의 한 놈이
돌아가신 울분의 국학자
천관우 평전을 낸단다
누구 짓인지
알겠다

내 서문으로는 극우파 민족주의자 평전
금강산 통로는 북한과 같은 날 발표하는
간첩질
둘을 함께 하는 놈들

수작을 알겠다
저희들 애갱치 꾀지만
그것은
이 벼락천둥번개에
짙은 안개 비밀을 모르는 것

다 좋다
화엄세상으로

개벽하는
징조

허허허
잡것들도
모신다

마음만
그러나 나의 감각은 이제
편안하다

〈오고 있구나!〉

둘
셋
다섯
여섯
일곱

그리고 열

또 하나

하나

날이 밝는다
5월 1일이다.

5월 6일

둥근 보름달
다섯 속에서 여섯
흰
초생달이 뜬다

다섯 운세에서 여섯 날카로운
기운이 뻗는다

오늘 5월 7일은
오일장
어제 5월 6일은
나의
개벽
바로 나의 진짜
생일날
아득한 옛날로 돌아가는 날
확실한

어김없는
참 개벽

세상은 한 마디로 개판
개판
개판이다

어제에 이어 오늘 나는 거리로 간다
옛 밑바닥 그늘의 희비리에 가
어제 흰달 뜨는
양안치의
발걸음
몇

내가 누구인지 알았으니
온몸이 너무 아파

밤새 잠을 못 자
쉽게
기운 못 차리고

절망 속에
넘어진다

아무것도 솟아오르지 않고
기억들도 아름답지 않다

새벽
신문도
개판

'아직도 맑스' 어쩌고 하는
미친놈들이 아직도
신문이다

개벽 한복판에서
맑스라!

5월 6일

누군가 생각한다
좋아하지 않으면서도
모신다

온 세계가 흉계를 꾸민다

아아
모심 뿐!

아무도 오지 않는

아무도 오지 않는
바닷가 모래 기슭
한나절 흰 물결이
말없이 밀려온다

내가
내 후배들과 함께
제1차 민족문화운동 할 때
강康이라는 한 후배가
늘 부르던
외로운 바다노래

나
혼자 외로울 때 가끔 부르며
눈물 짓던 이 노래

오늘

아무 그 까닭도 없이
도리 바다는 아닌 자양영당紫陽影堂의
그 쓸쓸한
그 피투성이의

옛 의병義兵들 무덤의 영상과 함께
또는 단강의
금박골
견훤길과 함께
입이 아닌
가슴 저 밑에서 떠오른다

왜

어제
유라시안 아메리카 초고속 프로젝트
동서 롯텔담 기획

중국과 북한으로 새나간 것 아닌가
걱정 돼 전화하고 나서

내가
너무 빨라서

사뭇 걱정하는 아내를 위해
꼭 절실한

단절조치를 결단하고 바로
누워 잠든 나의
입이 아닌
가슴 저 밑에서 떠오른

아무도 오지 않는
바닷가 모래 기슭

나 이제
정치 문제엔 일체
관여 안 한다

결심이
이리
쓸쓸한 까닭은 무엇인가

오늘이 무슨 날인가
오늘이
삼례 아이들 위해
강연문 쓰는 날

잔잔히
아무 딴 생각 없이

신동아 박달재 이야기 금봉이 이야기 이어
써나가는 날

앙금보步
삼십분
결심한
허허허

허허허허허

아내가 만류한 헛웃음을 또 웃었다
괄호는 없다
내 가슴은
자양영당紫陽影堂의
정도령의
선창마을의

아아

그리고 양안치兩岸峙의

그리고 그리고
또
남원주 IC에서
바라본 바라본 나의 위대한 산
배부른 산 앞에
느을
무실리無實里 이 편한 세상을
되새기던

그
작은 등탑燈塔
땡이네 집

아내가 켜준 검은 반야심경 앞
하아얀 외로운
모심의
촛불
방

아무도 오지 않는
이 방.

앙금보步

-2011년 토끼해 5월 8일

다리 다친 뒤
참 오랜만에 이리
목발 하나 짚고 우리 앙금이

재작년 이곳
배부른 산 무실리 작은 봉화산 밑
풀언덕에서 하얀
작은 벌레 앙금이

내가 붙들자 꼼짝 않고 멈춰버려
내 어릴 적 기억 나 웃으며 앙금이라
앙금앙금이라 이름 지어
바로
내 동생 삼은 그 아이
찾으러

천천히 걷는다

차 속에서 빈 발이 보이고
거리를 지나는 젊은 여인이 두 아이 더러
손들어! 손들어!
손들고 둘이 똑 앙금이처럼 지난다

내 걸음이
앙금
그래 앙금보步라 칭한다만

내심에 문득
내 필생의 숙업이 발견되었다

앙금보步인
내 생애
인간, 모든 인간 생애의 필생숙업

그 제목은
'앙금보步'
미학美學이다 우선은 '양안치兩岸峙와 희비리喜悲里'
이어
앙금앙금 꼬박꼬박 걸을 것

갈 것이다

드디어
내 일
그처럼 외롭고 고달팠던 까닭인
내 숙업의 이름을 찾았다

우선은
그 일을
'앙금보步'라
부르겠다

집에 돌아와 글쓰기 과제마저 쉬고 눕는다
누워 영원한 푸른 하늘
신불神佛을 만났다

단 두 마디다

'쉬임없이!'
'끝낸다!'

초파일

처음이다
초파일이 무슨 날인지 생각해 보는
첫날이다

내겐
모심이라는 말밖엔
별로 무슨 뜻인지 알 수 없는

그러나
이제껏 내내 내 삶을 초라하게 만든
그래서 내가 미워하지 않으려
애쓰면서도 한없이 경멸해 온

한 사람
내 스승이라 자부해 왔던
한 우스운 사람을

처음으로
참으로
허허 웃으며
용서한 날
초파일初怕日이다

파怕는
삐뚜름한 종이배

한 후배가
몹시 화가 나서
그리도 존경하던 양반을

'제에미 씹헐'
그래
그리 욕했다는 어제 그 얘길 듣고 나서
비로소 내 마음에서
자취를 감춘

나를
북쪽놈들에게 팔아먹은
이관탈취移管奪取하려 했던 자칭 스승

그래
허허허

그래
처음으로 부처님이
내 마음에 오신 것을 깨달은

그래서 이제
뚝
참으로 내 입에서 욕설이 멈춘

날

그날이다

참말 모심의 날

오늘 낮엔 어디든 가만히 가서
쬐그만 막국수 한 그릇이나마 기념으로 먹겠다

그리고 허공에

파빠

삐뚜름한 종이배같은 웃음 하나
날리겠다

내 나이
일흔 한 살

허허허

이제야 내 나이를 처음으로 알겠다
초파일이

그런 날이로구나

나무
아미타불
부디 좋은 곳으로
잘 가소서.

어제 초파일

참

부끄럽네요

초파일이 무슨 뜻인 줄도 몰랐었네요
부처님 오신 날이
천상천하天上天下 유아독존唯我獨尊이자 하느님 독생자獨生子
마굿간 여물통에서 일곱 발짝 걸음이요
또
각지불이各知不移의
모심이었음을

어제
모르고

모르는 것 당연한 것으로
그리만

생각했었네요

우리집 송사를 남이 해결한다는 말도 몰랐으니

참
부끄럽네요

어제 나는 분명
양안치 너머 백운산 골짜기
천은사天恩寺에 갔다
백련사白蓮寺에 갔다

거기
민기의 아침이슬이 웃고 있었다

나 이제 멀리 떠나
다섯 살 때
두꺼비친구 영일英一이로 돌아와
황혼에 돌아와
웃고 있었다

기쁜 것은
아내가

그 고생 많던 아내가 이제
홀가분해 하는 것
그것

참
사람들

엄마니 선생이니 하는
또 친구니 동지니 하는 것들

부끄럽네요
모심

모십니다 쉬이 떠나세요.

왜 내가

왜 내가
이리도 외로운가

다
나 때문이라고
그리 느을 자책해 왔다만

믿기도 악어도
그 누구도 내 곁에 참말 친구는 없고
다 저 살 궁리만 하는 걸 보고

비로소
깨닫는다 내가
병신이어서 내가 저 살 궁리 못하고
늘
세상 걱정만 하다
이리 된 것을 이제야 깨닫는다

벼엉신!

감격한 것이 어제였는데
오늘 그들이 그게 아니었음을 확인하며

내가 곧
문제임을 깨닫는다

아내마저
날 비웃는다

갈 데 없다
산에 가자니 돈이 없다
단 하나
그들 모두들 모심뿐 도적놈들도 다아

하루하루 내 앞에 주어진
공부밖엔

천지엔
친구 없다

그 마음이 곧 비로봉

여기에서
시작하자

난
간다.

2011년 5월 12일 새벽 6시

내궁內弓

묘향산妙香山
진몰지珍沒池에
묻힌 것은 양궁兩弓지도 아닐까

양궁兩弓 찾으러 나서 서남西南의
먼저 내가 늘 가는 산천에서
남궁南弓을 찾았다

어제는
아직 북궁北弓 이전에
원주의 내궁內弓이 있으리라 믿고
동東으로 치악 밑
행구동
북北의 황골
그리고 태장을 질러
만종 문막 여주 강천 쪽
부평

다시 사제리로 돌아
내궁內弓이라 생각하고 돌고 돌았는데

모두다
꽝

없다
확실하다 내궁內弓같은 건 자취도 없다

다만
남북양궁南北兩弓 사이에
태극太極이 있고

살아 있고
살아서 그 원만으로 세계를 품는다

그래서 양안치兩岸峙
그래서 오봉五峰이 십무극十无極 안에 살아 있고
그래서
사자당獅子幢이 비로자나毘盧蔗那의
장전藏殿

씨 안에

내內는
따로 없다

아

그 대신 매강 선생
귀향 전송했구나

참
좋다

그 남쪽 귀향이
참말 북하회北河回다

참말
양궁태극兩弓太極
대화엄大華嚴 개벽의
모심.

빈 길

배부른 산에서 이순신
돌조각과 사제리師弟里 지나 삼교리 막국수도 지나 흥업의
대학들 대학들 다음

오봉五峰

양안치兩岸峙 지나 귀래歸來 천은사天恩寺
—천은사天恩寺 입구에 천하대장군天下大將軍 지하여장군地下女將
軍 그리고 왠 깡패가 보초 서고 있다—

돌아서 똑같은 길
—귀래歸來 미륵산 양안치兩岸峙 오봉五峰 십무극十无極—흥업興業
사제리師弟里 대학촌

그밖에
아무것도 없다

오늘은 사제리師弟里 입구의
강릉 삼교리三交里 막국수 먹고 오자 했더니
돈이 한 푼도 없다

흥업에서 사제리 거쳐 만종萬鐘으로 남한강으로
두물머리로 신지중해로 화엄세계로 나갈
힘이 없어
배부른 산 무실리無實里로 돌아온다

우리집
e-편한 세상 앞뒤 싼 두 초등학교에서
내내 대낮 아기들 훈련 소리
시끄럽다

절망

희망 절망 희망 절망

이 길이
아닌데

아하
지금은 빈 길이다

아내가 서울서 돌아와야 길이 생긴다

돌아와 여는 아파트 문에
왠 쪽지 한 장

노무현이 옆에 붙어선 왠 동네 사람 사진 한 장

어허
촌놈들!
드디어
시작이로다!

양안치에서 희비리로 가는 길 참말로 열어야겠다.